Die ≡BUCKET LIST≡ für
Honeymooner

Die ≡ BUCKET LIST ≡ für

Honeymooner

250 DINGE

DIE FRISCH

Verheiratete

gemeinsam erlebt haben müssen

STEPHANIE FISCHER

PLAZA

VORWORT

Man nehme zwei Herzensmenschen, kombiniere ihre Freundschaft mit Leidenschaft und Liebe, füge Respekt, Vertrauen, Rücksicht und Treue hinzu und würze die Verbundenheit mit Gefühl, Humor, Verrücktheit, Romantik und Zärtlichkeit. Auch Verständnis, Toleranz, Geduld und Zufriedenheit dürfen nicht fehlen. Ebenso wenig wie eine Prise Gelassenheit. Fertig ist das Abenteuer Eheglück. Okay ... ganz „so einfach" ist es nicht. Aber hey ... Amor hat sich alle Mühe gegeben und ihr habt euch gefunden.

Dieses Buch soll euch mit 250 witzigen, erinnerungswürdigen, verträumten und ja ..., auch mal skurrilen Aufgaben auf dem Weg zur Goldenen, Diamantenen oder gar Eisernen Hochzeit begleiten. Ob gemeinsam einen Baum pflanzen, auf der Hochzeitsreise unter den schönsten Wasserfällen der Welt baden oder die Handabdrücke (mit Ring!) in Gips verewigen – auf insgesamt 128 Seiten findet ihr tolle Ideen, um den Beginn eures neuen Lebensabschnitts noch unvergesslicher zu machen.

Glück ist, Zeit mit einem Menschen zu verbringen, der aus einem ganz normalen Tag etwas Besonders macht. Habt also unendlich viele solcher Glücksmomente! Denn, auch wenn wir Pläne für die nächsten Wochen, Monate und Jahre schmieden, so sind es die Augenblicke, die wirklich zählen. Genießt sie, u. a. mit den Ideen aus diesem Buch.

Das Schönste an der Liebe ist doch, wenn aus verschiedenen Leben ein gemeinsames wird und aus „ich" und „du" ein „WIR" entsteht. Dass ihr bereit dafür seid, habt ihr mit eurer Hochzeit unter Beweis gestellt. Nun geht's also los – mit Vollgas ins Leben zu zweit!

Dieses Buch gehört

Mr Mrs

....

Unzertrennlich seit

....

Verheiratet seit

....

Das sind wir vor unserer Hochzeit

YOU ♥ ME

Unser Hochzeitsfoto

Das sind wir:

.... & ....

....

(Vorname & Vorname, Nachname)

☐ Es war Liebe auf den ersten Blick

☐ 1000-mal berührt, 1000-mal ist nichts passiert. 1001 Nacht und es hat „Zoom" gemacht

☐ Es war ganz anders, nämlich:

....

....

So haben wir uns kennengelernt: ....

....

....

....

Wer hat wessen Herz erobert? ....

Und von wem ging der erste Kuss aus? ....

Wann und wo war das? ....

....

....

Dieses Traumpaar ist unser Vorbild:

....&..

Das machen wir total gerne zusammen: ....

....

....

Und das geht gar nicht miteinander: ....

....

....

Ich mache am liebsten ohne sie: ....

....

Ich mache am liebsten ohne ihn: ....

....

Das schätze ich besonders an ihm: ....

....

....

Das schätze ich besonders an ihr: ....

....

....

Das bringt mich auf die Palme:

An ihr: ....

....

An ihm: ....

....

Das sollte er sich schnell abgewöhnen: ....

....

Das sollte sie sich schnell abgewöhnen: ....

....

Oder habt ihr euch vielleicht schon gegenseitig „erzogen" :)

⫸—♡—▷ KLEINES SCHUSSELCHEN. WIRKLICH (UN)ABSICHTLICH?

Daran muss ich ihn immer erinnern: ....

....

Sie vergisst ständig: ....

....

Wir teilen alles, außer: ....

....

....

Unser peinlichstes Erlebnis: ....

....

....

....

....

....

....

Wir haben den Namensgenerator angeworfen. Das ist unser Promi-Pärchen-Name:

....

Das ist unser Hochzeitssong: .... ,

weil ....

....

....

Beim Anschneiden der Hochzeitstorte hatte ....

die Hand oben.

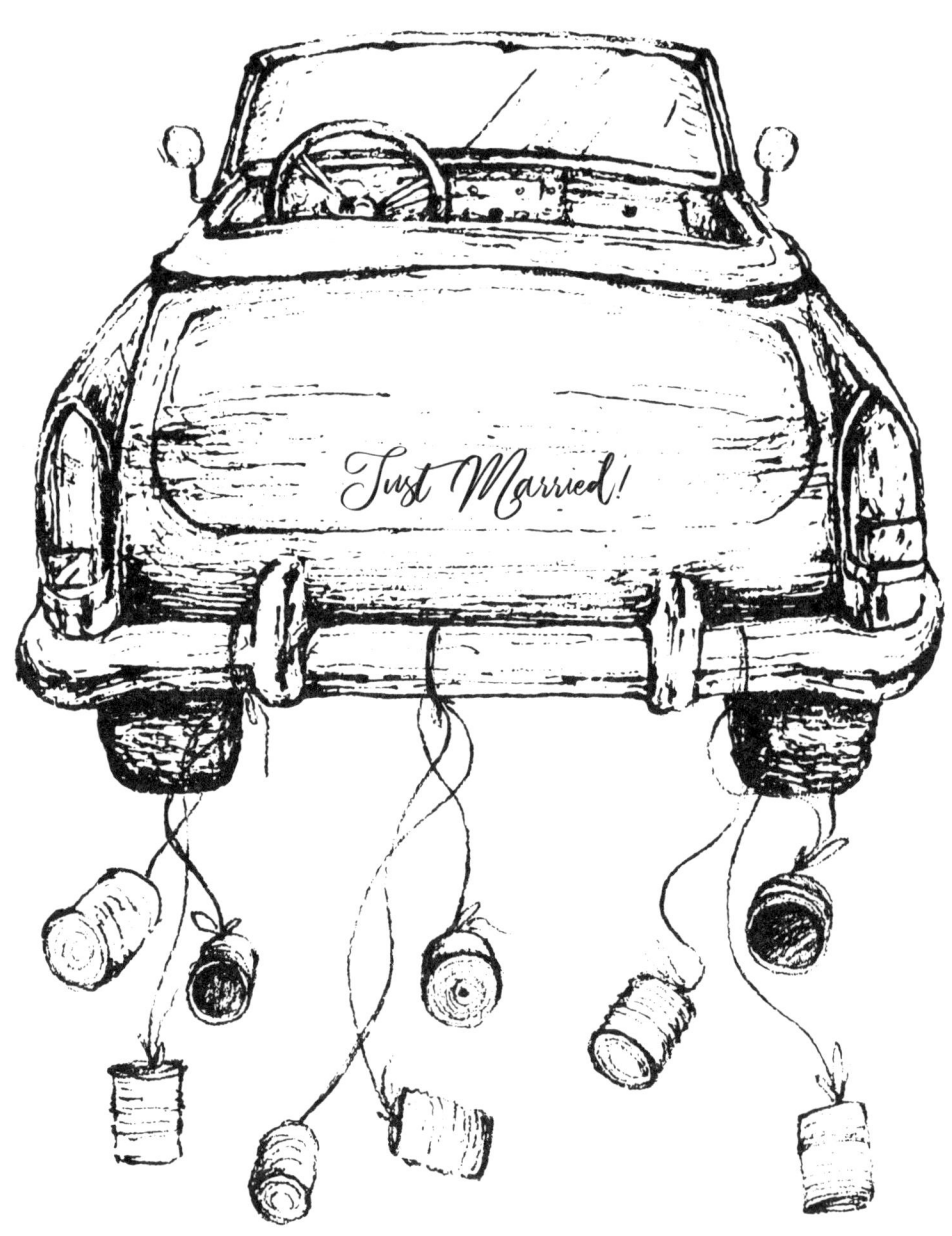

An alles gedacht? Dann ab in die Flitterwochen!

Alter Name, neuer Name

Gleich nach der Trauung wollt ihr losstarten? Kein Problem, denn ihr reist mit eurem alten Pass und unter eurem bisherigen Nachnamen. Das gilt zumindest solange der neue Personalausweis noch nicht ausgehändigt wurde. Wenn ihr zurück seid, beantragt ihr (persönlich) die Änderung. Für Planer: Natürlich lässt sich schon vor der Hochzeit der Pass korrigieren, doch er wird erst am Tag der Eheschließung ausgegeben.
Berücksichtigt dann aber im Vorfeld, dass alle Reisedokumente mit den Angaben im neuen Pass übereinstimmen müssen.

Übrigens

Gleiches wie für die Hochzeit gilt auch für die Flitterwochen: Je weniger Erwartungen, umso schöner werden die Überraschungen (statt Enttäuschungen). Nicht alles muss teuer, prunkvoll und glänzend sein.
Falls doch mal was schiefgeht: Perfekt ist doch langweilig ;) So habt ihr jede Menge zu erzählen, wenn ihr aus den Flitterwochen zurück seid.

Traumziele für jeden Geldbeutel

Die Sonne glitzert im türkisblauen Meer, während ihr am weißen Sandstrand unter Palmen spazieren geht? Wunderbar! Doch auch ein Städtetrip kann romantische Flittertage versprechen. Vielleicht zieht es euch aber eher in die Kulisse der Berge? Erfüllt nicht automatisch das Klischee, findet euer gemeinsames Traumziel!

KLEINER TIPP:

Während einige Hotels kostenfreie Zimmer-Upgrades für Frischvermählte anbieten, überraschen andere Resorts mit gratis Spa-Treatments, Gourmet-Körbchen, Ausflügen und kleinen Give-aways. Seid nicht schüchtern und fragt auf jeden Fall an der Rezeption nach, selbst wenn nicht plakativ damit geworben wird. Als Bestätigung braucht ihr eure Hochzeitsurkunde.

CHECKLISTE

Auch wenn ihr sonst vielleicht eher spontan
seid, sollten eure Flitterwochen gut getimt sein.

MIT ETWAS VORLAUF:

- ☐ Impfungen vornehmen lassen
- ☐ Termine absagen
- ☐ Fehlende Ausstattung besorgen
- ☐ Reisepass verlängern
- ☐ Auslandskrankenversicherung abschließen
- ☐ Packlisten schreiben
- ☐ Reisegepäck checken
- ☐ Bargeld besorgen/Geld umtauschen
- ☐ Notfallnummern zusammenstellen
- ☐ Adressliste anfertigen für die Hochzeitspost aus den Flitterwochen
- ☐ Haus-, Blumen-, Briefkasten-, Haustier-Sitter organisieren

BIS KURZ VOR DER ABREISE:

- ☐ Blumen gießen
- ☐ Abwesenheitsnotiz einrichten
- ☐ Verderbliches entsorgen
- ☐ Müll leeren
- ☐ Fenster, Türen und Rollläden/Jalousien schließen

AN KLEIDUNG (VON PRAKTISCH ÜBER WETTERFEST BIS ELEGANT) DENKT JEDER, DOCH WAS IST MIT ...:

- [ ] Ladekabel und Powerbank für Mobiltelefon, Tablet & Co.
- [ ] Geldbeutel und Kreditkarte - manche EC-Karten müssen für das Reiseland vorab freigeschaltet werden!
- [ ] Personalausweis und Reisepass
- [ ] Reisedokumente und Krankenkarte
- [ ] Kamera, Kopfhörer, Buch
- [ ] Medikamente und Pflaster
- [ ] Sonnen-, Regen- und Mückenschutz
- [ ] Taschentücher
- [ ] Wörterbuch und Reiseführer
- [ ] Wäschebeutel

WAS WIR IMMER VERGESSEN – DIESMAL ABER NICHT ...!

....

....

....

....

1. Küsst euch

und wieder … und wieder …
Puh, geschafft, der erste Punkt ist abgehakt.
War doch ganz einfach!

☐

2.

Legt ein Hochzeitalbum mit witzigen
Bildunterschriften an und erlebt
euren wohl schönsten Tag noch
einmal - und dann immer wieder. ☐

3.

Erfindet ausgefallene Spitznamen für einander und begründet
sie (z. B. Bienchen, weil er so fleißig ist – oder weil er am liebsten
Honig aufs Frühstücksbrötchen mag)

ER NENNT SIE:

- -

- -

- -

SIE NENNT IHN:

- -

- -

- -

4.

Erstellt eine gemeinsame Playlist mit euren Lieblings-
songs, die in den Flitterwochen läuft, ... aber auch
später zur Versöhnung, falls es mal Streit gab.

_____

_____

_____

_____

_____

_____

_____

_____

☐

5.

HERZKLOPFEN WIE AM ERSTEN TAG:
HÖRT UND FÜHLT, WIE DAS HERZ DES ANDEREN POCHT.

☐

6.

Ab sofort wird alles geteilt: Auch die Tüte Popcorn im Kino oder die Zuckerwatte auf dem Rummel. ☐

7.

Putzt euch gegenseitig die Zähne.

 ☐

8. GIEßT EURE HANDABDRÜCKE IN GIPS – NATÜRLICH MIT RING! ☐

9. Füttert euch abwechselnd. ☐

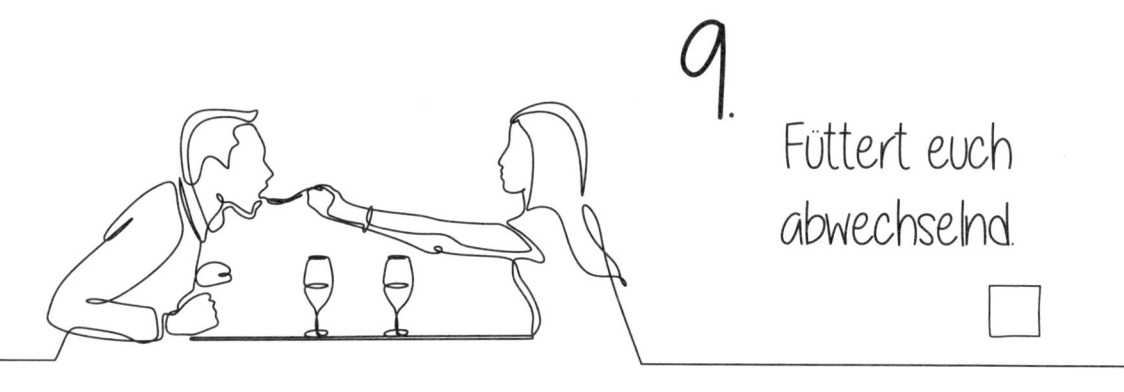

10. ☐ Schreibt Tagebuch in euren Flitterwochen und lest euch an jedem Hochzeitstag daraus vor.

11.

Pflanzt zusammen
einen Baum.

☐

12. Macht etwas Verbotenes! ☐

13. SPIELT EINE ROMANTISCHE SZENE AUS EINEM LIEBESFILM NACH.
WELCHER WAR ES UND WARUM? ☐

....

....

....

14.

Candle-Light-Dinner kann jeder.
Deshalb: Frühstückt bei Kerzenschein.

☐

15.

Die Titanic-Pose schrieb Filmgeschichte.
Stellt sie nach und haltet eure
Liebesgeschichte per Selfie/Auslöser
auf einem Foto fest.

☐

16.

Plant einen Campingurlaub mit
Lagerfeuer und Kuscheln im Schlafsack.

☐

17. Geht einen Tag im Partnerlook

☐

18.

TRÄLLERT BEIM KARAOKE EUREN HOCHZEITSSONG.

☐

19.

Wiederholt euren Brauttanz
daheim im Wohnzimmer, in der
Hochzeitssuite oder auf einer Party.

☐

20.
EROBERT DIE WELT

Welche Orte und Länder wollt ihr zusammen besuchen?

☐
- -

☐
- -

☐
- -

☐
- -

☐
- -

☐
- -

☐
- -

☐
- -

21. ☐

Besucht den Ort, an dem ihr euch das erste Mal geküsst habt.

22. Wenn wir alt und grau sind ...

Bis zur Rente ist es noch (laaange) hin.
Überlegt schon jetzt, wie ihr sie genießen wollt.

☐

23.

Verbringt ein romantisches Wochenende in Paris, der Stadt der Liebe. ☐

24. Hüpft zusammen unter die Dusche und seift euch gegenseitig ein. ☐

25. ☐

Eine kleine Aufmerksamkeit für die Schwiegereltern …

26.

Zieht Grimassen am Strand oder beim Sightseeing, macht Selfies und verschickt die digitalen, „etwas anderen" Urlaubsgrüße aus den Flitterwochen an Familie und Freunde.

☐

27.

AUSREITEN AM STRAND.
WER NICHT SATTELFEST IST,
ENTSCHEIDET SICH FÜR DIE
KUTSCHFAHRT. ☐

28. ☐

Vollgas beim Outdoor Go Kart.
Wer kommt als erster ins Ziel?

29.
Beobachtet andere Paare und denkt
euch eine Liebesgeschichte für sie aus. ☐

30. ☐

Küssen unterm Wasserfall!

31. Im Regen Tanzen ☐

32. ☐

Schreibt euch gegenseitig einen Liebesbrief. Ihr könnt ihn gleich lesen oder ihr öffnet ihn erst in zehn Jahren.

33.

☐

Den Hochzeitstanz habt ihr überstanden.
Höchste Zeit für Salsa, Tango oder Rumba.

34. ☐

Nehmt ein Schaumbad bei Kerzenlicht
und mit Champagner.

Denn Liebe ist wie ein Vollbad: Einlassen,
warm halten und darin baden
bis man schrumpelig ist.

Die goldenen Regeln
eurer glücklichen Ehe? ☐

1. _____

2. _____

3. _____

4. _____

5. _____

6. _____

7. _____

8. _____

9. _____

10. _____

36. Tragt ein Foto des anderen in eurem Geldbeutel. Oldschool in Zeiten von Smartphones? Ja! ♡ *Aber sooo schön.* ☐

37.

Ist Nachwuchs geplant?
Überlegt euch schon mal drei Namen
je Mädchen und Junge. Gilt alternativ
natürlich auch für Haustiere.

☐

....

....

....

38.

☐

Geht zur **Wahrsagerin** und lasst euch die **gemeinsame Zukunft** vorhersagen.

39. Euer gemeinsames Hobby? ☐

Ihr habt keins?
Dann wird's höchste Zeit!

40.

Frühstück im Bett

☐

41.

IHR HABT EUCH SO VIEL ZU SAGEN?
LASST EURE AUGEN SPRECHEN UND SCHAUT EUCH
SO LANGE AN BIS EINER LACHEN MUSS.

☐

42. ☐

DEN TRAUM DES ANDEREN VERWIRKLICHEN.

ER WÜNSCHT SICH _____

_____

_____

_____

SIE WÜNSCHT SICH _____

_____

_____

_____

_____

43. PARTNERTATTOOS STECHEN LASSEN.

Abziehbildchen aufkleben ist auch okay. ☐

44.

Eine **Kissenschlacht** machen.

Oder eine (Hochzeits-)Tortenschlacht.

□

45. □

Spaghetti essen
à la Disneys
„Susi und Strolch".

46. ☐

Sonnenuntergang am Strand

---

47. ☐

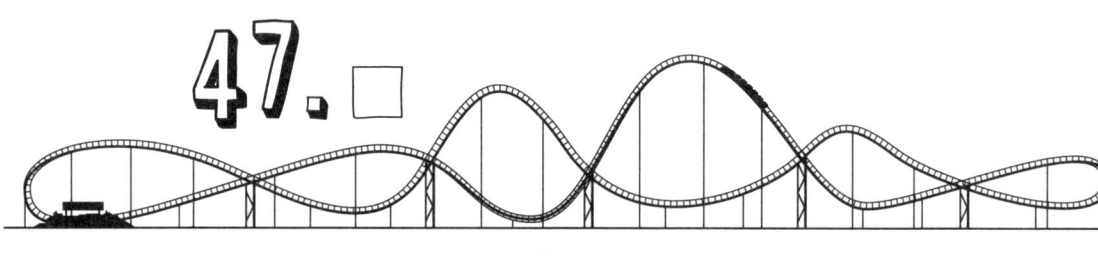

GEHT IN EUREM HOCHZEITSDRESS IN EINEN FREIZEITPARK.

48. überrascht euch gegenseitig. ☐

49.

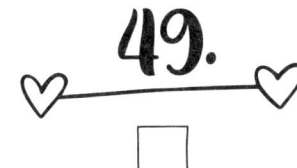

☐

10 Dinge, die ich an dir liebe …

schreibt sie auf, packt sie zusammen mit einem Erinnerungsstück
eurer Hochzeit in eine Kiste und öffnet sie nur, falls eure Ehe mal
vor der Zerreißprobe stehen sollte.

1. ....

2. ....

3. ....

4. ....

5. ....

6. ....

7. ....

8. ....

9. ....

10. ....

50. ☐

Teilt euch den größten Eisbecher auf der Karte.

51. ☐

Einmal Jumbo-Cocktail und zwei Strohhalme, bitte. Erst wählt er, den nächsten Drink bestellt sie.

52. #DREAMTEAM

Bringt euch gegenseitig etwas bei:

Das hab' ich von ihm gelernt

- -

- -

- -

Das hab' ich von ihr gelernt

- -

- -

- -

53.

ZÜNDET ZUSAMMEN EIN FEUERWERK. ☐

ALTERNATIV SIND AUCH WUNDERKERZEN ERLAUBT.

54. ☐

Lasst einen Drachen steigen.

55.

Gönnt euch eine Paar-Massage. ☐

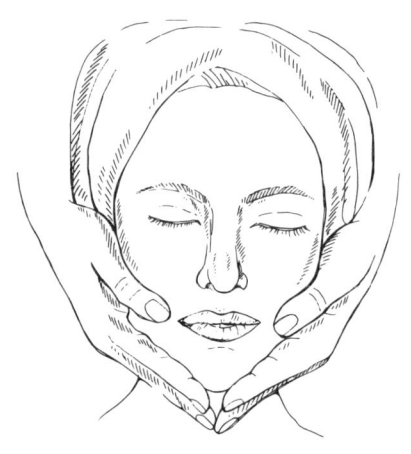

56.

Genießt den Sonnenaufgang.

☐

57.

Lasst die Seele baumeln, wenn ihr gemeinsam stundenlang in einer Hängematte schwingt.

☐

58. *Schreibt eure Initialen in den Sand.*

□

59.

Ohne Ziel und Plan einfach mal drauf losfahren...

□

60. ☐

FÜLLT EINE BOX MIT DINGEN VON EURER HOCHZEIT, WIE ANSTECKBLUME, NAMENSSCHILD, SITZORDNUNG, GLÜCKWUNSCHKARTEN UND HÜTET SIE WIE EINEN SCHATZ.

61.

Überlegt euch etwas, um eure Schwiegereltern zu veräppeln.

☐

62.

☐

Macht euch ein kleines Geschenk.

63.

Lernt „Ich liebe dich" in mindestens zehn Sprachen

I love you.   Je t'aime.

IK HOU VAN JOU.

Ti amo.   Te quiero.

64. ☐

Erzählt eurer liebsten Freundin/eurem besten Kumpel ein Geheimnis/ein Malheur/eine ungeplante Situation eurer Hochzeitsreise.

65. Keine Geheimnisse:

Verratet, ob eure Hochzeit wirklich der „schönste Tag" war oder ob vielleicht doch etwas „gefehlt" hat. Wenn ja, holt es zusammen nach!

☐

66. Geht auf Segwaytour. ☐

☐

67. Mit einem Tandem fahren.

Auch wenn Kommandos in einer Ehe nichts zu suchen haben, hier seid ihr darauf angewiesen!

68.

Verbringt einen Tag getrennt.
So habt ihr Zeit, euch zu vermissen. ☐

69. Einander über die Türschwelle tragen. ☐

70. Digital Detox –

**einen Tag lang ohne
WhatsApp, SMS oder E-Mail.** ☐

71. ☐

Teilt ein **peinliches Erlebnis,** von dem sonst niemand weiß.

72. Sich streiten und wieder versöhnen. ☐

73.

Sucht euch die schönste oder „eure" Brücke und befestigt gemeinsam ein Liebesschloss. ☐

74. Ein vierblättriges Kleeblatt suchen. ☐

75. Entwerft gemeinsam euer Traumhaus. ☐

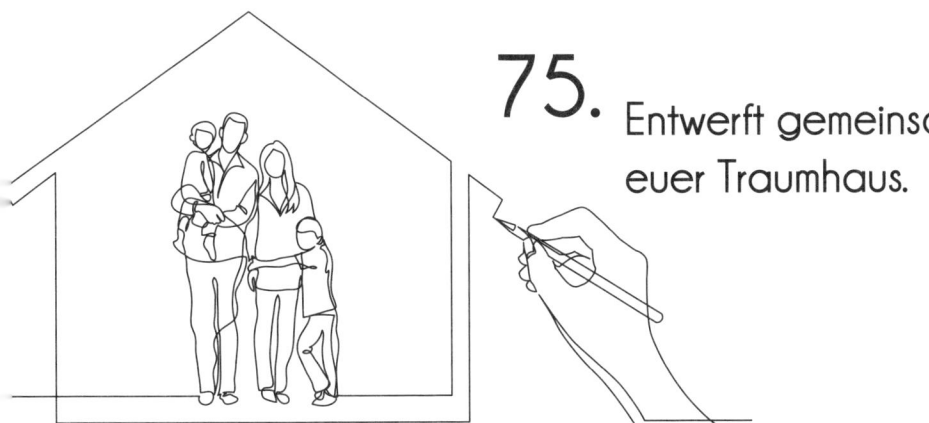

76. Übernachtet im Weinfass □

und nutzt die Gelegenheit für eine Weinprobe.

schwimmt im Bällebad
77. □

78.

Findet euer Lebensmotto □

- -

- -

- -

79.

Einander vor den Schwiegereltern in Schutz nehmen.

☐

80.

Im Dunkeln ist gut munkeln.

Verbringt einen Tag ohne Strom, nur mit Kerzenlicht.

☐

81. ☐

EINE SANDBURG BAUEN ODER BUDDELT EUCH GEGENSEITIG IM SAND EIN (AUßER DEN KOPF NATÜRLICH).

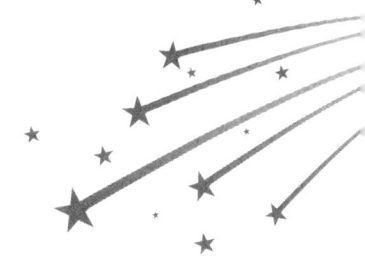

82. ☐
Sternschnuppen beobachten und was wünschen. Aber nicht verraten, sonst geht's nicht in Erfüllung ;)

83. Einfach mal in den Arm nehmen.

Awww ... schön, dass ihr euch gefunden habt.

☐

84.

Bringt euch zum Lachen bis sich die Bauchmuskeln melden, erzählt Witze, kitzelt euch und habt Spaß. ☐

85. ☐

Massiert und streichelt euch.

86. Bittet den anderen um ein Date.

☐

87. Malt euch gegenseitig Figuren auf den Rücken
und ratet, was der andere gezeichnet hat. ☐

88.

Spielt Lotto, Bingo oder Roulette mit euren gemeinsamen Daten
(Hochzeitstag, Kennenlerntag, Geburtstag). Daumen sind gedrückt!

☐

89. Teilt die Erfahrung eurer Hochzeitsplanung und inspiriert andere. ☐

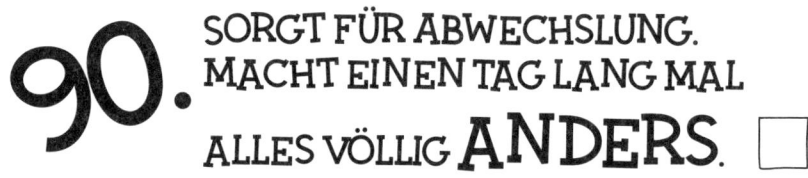

90. SORGT FÜR ABWECHSLUNG. MACHT EINEN TAG LANG MAL ALLES VÖLLIG **ANDERS**. ☐

91.

Noch einmal ein erstes Date haben – gleiche Zeit, gleicher Ort wie damals. ☐

92. Ein Tag im Spa. ☐

93.

Leseratten unter sich:
Schmökert im Lieblingsbuch des anderen. □

94.

Ein leidenschaftlicher Kuss im Regen. □

95.

Heißluftballonfahrt
mit Champagner. □

96. ÜBERNACHTET IM FREIEN UNTERM STERNENHIMMEL. ☐

97. Entwerft ein Familienwappen. ☐

98. Nachtbaden und / oder Nacktbaden im See, Meer oder Planschbecken. ☐

99. Kuschelt am knisternden Lagerfeuer, vorher gibt es natürlich Marshmallows und Stockbrot!

☐

100. Verwöhnt euch gegenseitig mit einer Fußmassage. ☐

101.

Hinterlasst überall kleine
Messages auf Post-Its.

☐

102.

Schickt einen Wunsch per
Flaschenpost auf Reisen.

☐

Unser Wunsch:

----

103. ES WIRD HYGGELIG:
BAUT EINE KUSCHELHÖHLE AUS KISSEN UND DECKEN. ☐

104. STADT-LAND-FLUSS, UNO ODER MONOPOLY – SPIELETAG IST ANGESAGT. ☐

105. Balance halten auf der Slackline. ☐

106. Schaut einem Küchenchef in den Kochtopf. ☐

107.

Bitte lächeln ...
beim (Hochzeits-)Fotoshooting. ☐

108.

Verkuppelt zwei
eurer Single-Freunde. ☐

&

- -

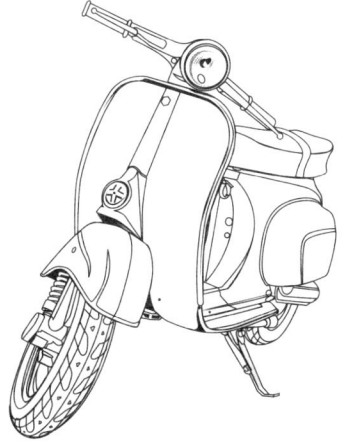

109.

Mit der Vespa durch die
engsten Gassen fahren. ☐

110.

FINDET EUREN EIGENEN

„KURIOSEN FEIERTAG"

UND ZELEBRIERT IHN.

....

111.

Süße Verführung:

☐ Teilt euch
ein Dessert.

112. ☐
MACHT EIN PICKNICK.
GEHT ÜBRIGENS AUCH INDOOR :)

113. □

Startet ein gemeinsames Instagram-Profil.

@ _____

114.

Kauft Blumen, die im Hochzeitsstrauss waren und dekoriert euer Zuhause in Erinnerung an euren vielleicht schönsten Tag.

□

115. Malt ein Bild. □

DENKT DARAN: ES MUSS NICHT DER NÄCHSTE PICASSO SEIN.

116.
Tierpark, Streichelzoo oder gleich eine Safari?

117. Füllt den Bauch eines Sparschweins jeden Tag mit einem Euro und gönnt euch am Monats- oder Jahresende etwas Schönes davon. ☐

118. KNOBELSPASS ☐
mit Sudoku, Kreuzwort- oder Schwedenrätsel

119. Back to the Roots:
Erzählt euch von eurer Kindheit. ☐

120.

Besucht oder findet eure Lieblingsbar. ☐

121. Das gilt auch fürs Lieblingsrestaurant. ☐

122.
Strand-Spaziergang bei Mondschein.
*HACH, WIE ROMANTISCH ♥

☐

123.
Spielt gegeneinander Tischtennis oder Badminton.

☐

124.
EROBERT DIE BAUMRIESEN IM KLETTERGARTEN.

☐

125. Erzählt euch von euren größten Ängsten und Sorgen. ☐

126. Sammelt Muscheln und Steine oder lasst sie übers Wasser hüpfen ☐

127.

GEHT AUF EIN KONZERT.

WENN IHR EUCH NICHT AUF EINE LIEBLINGSBAND EINIGEN KÖNNT, WÄHLT EINFACH EINEN UNBEKANNTEN KÜNSTLER. ☐

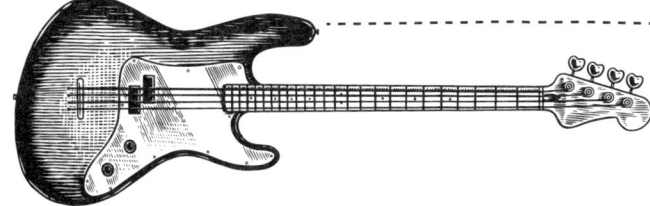

128. Wie die kleinen Kinder ...

Schaukeln, Wippen, Rutschen und Toben auf dem

Abenteuerspielplatz.

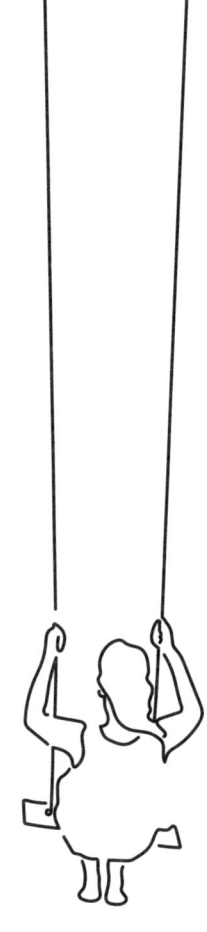

129.

Dreht eine Joggingrunde.  ☐

130. ☐

Lasst einen **LAUTEN SCHREI** los.

131.

WAGT NEUES.
MACHT ETWAS ZUSAMMEN,
DAS IHR NOCH NIE GETAN HABT. ☐

132. EINEN TAG LANG HEIßT ES: FKK ☐

133. Yacht, Schiff, Kanu oder doch lieber Tretboot?

134. ☐

Pustet eine Wimper vom Finger und wünscht euch was.

135. Saunatempel

☐

136. Bemalt euch gegenseitig mit FINGERFARBEN am ganzen Körper und nehmt jeden Klecks als Berührung wahr.

☐

137.
LÖST DEN KNIFFLIGEN
ZAUBER-
WÜRFEL. ☐

138.
Schlaft Arm in Arm ein.
☐

139.
Umarmt einen Baum. ☐

140.
Genussvoller Brunch

□

141.

Einfach mal zusammen vor Freude in die Luft springen im Trampolinpark. □

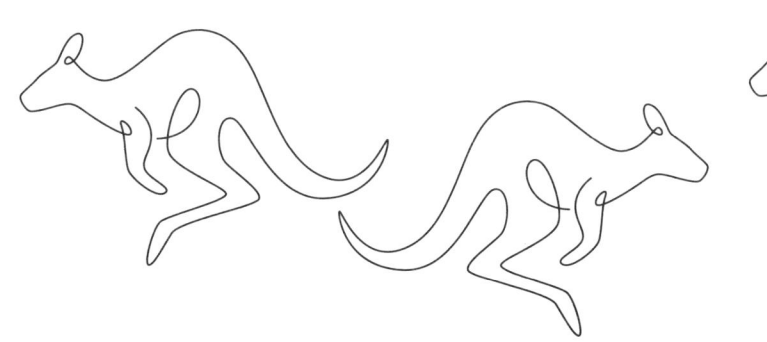

142. Leiht ein teures Luxusauto und cruist damit über die schönsten Alleen. ☐

143. Besichtigt ein Schloss oder eine Burg. ☐

144. ☐
ÜBERNACHTET IM BAUMHAUS.

Ohne Handynetz, dafür mit Schwedenofen und Badewanne analog zum Sonnenuntergang und ein Kuschelbett im Osten, um von der Sonne geweckt zu werden.

145.

Schnitzt eure Initialen in einen Baum ☐

(achtet aber darauf, dass die Rinde nur oberflächlich verletzt wird, damit der Baum unversehrt bleibt).

146.

Welche drei Eigenschaften liebst du an deinem Partner/deiner Partnerin?

☐

....

....

....

147. ☐

KUNTERBUNT BEIM BODYPAINTING

(GIBT'S AUCH MIT ESSBAREN FARBEN, DIE DEN KÖRPER SCHOKOLADIG ODER FRUCHTIG SCHMECKEN LASSEN)

148.

STARTET EINEN FILMMARATHON.

☐

149.
Traut ihr euch beim Fallschirmsprung?

☐

150.
Körper und Geist finden beim **Yoga** innere Ruhe.

☐

Zum Beispiel beim Paar-Yoga

151.

Blick nach oben:

Findet Figuren, Buchstaben oder Symbole in den treibenden Wolken.

☐

152.

Strike statt Streit auf der Bowlingbahn.

☐

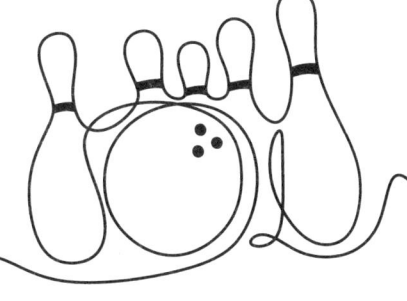

153.

Schießt euch beim Paintball ab.

☐

154. ☐

Abtauchen

Zum Beispiel beim Schnorcheln im weltgrößten Korallenriff „Great Barrier Beef" im australischen Queensland.

155.

Macht Hand in Hand einen ausgedehnten Spaziergang. ☐

156.

BEFRAGT DIE STERNE UND LEST EUER HOROSKOP. ☐

157.

Tauscht für eine Nacht die Bettseite. ☐

158.

SHOPPINGTOUR

mit dem Partner/der Partnerin
als Stilberatung ☐

159.

ESeL- oder ALPaKawanderung?

☐

160. ☐

verbindet dem anderen die Augen, füttert ihn und lasst ihn raten, was er gegessen hat. Dann wird gewechselt. Positiver Nebeneffekt: Die Augenmaske hat eine erotische Wirkung.

161.

Brettert mit dem Jetski, Kite oder flyingboard über die wellen. ☐

162.

Erzählt euch gegenseitig eure Liebesgeschichte. Denn an die erste Begegnung erinnert sich jeder anders. Ihr werdet überrascht sein, wie der andere euer Kennenlernen empfunden hat.

☐

163.

SCHLÄGER SCHWINGEN BEIM MINIGOLF!

☐

164.
FOTOGRAFIERT EUCH EINMAL IM JAHR

in immer gleicher Pose oder macht an
jedem Jahrestag ein Selfie, wo immer
ihr auch gerade seid – und fügt alle
Bilder zu eurer Goldenen Hochzeit zu
einer Collage zusammen.

165. NACHTWANDERUNG MIT FACKELN.

ALTERNATIV TUT'S AUCH
EINE TASCHENLAMPE. ☐

166. ☐

Geocaching als abenteuerliche Schnitzeljagd

167. ☐

Pflückt einen Blumenstrauß.

168.

Springt von einer Klippe ins kühle Nass. ☐

169.

Mix it

beim Cocktailworkshop

☐

170.
Völlig losgelöst beim Paar-Floating

☐

171.
Findet den Ausgang

im Mais-, Felsen- oder Sonnenblumenlabyrinth.

☐

172. Pure Nostalgie

☐ bei einer Oldtimer Rallye.

173. Turtelt frisch verknallt wie am ersten Tag.

174. ☐

Schwimmt mit den Schweinchen auf **Pig Beach** am Strand Big Major Cay der unbewohnten Insel in Exuma auf den Bahamas.

175.

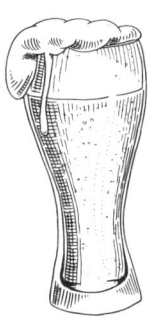

Hopfen und Malz ...

BEI EINER BIERPROBE ☐

176.

Fliegt beim **Flying Fox** durch die Luft. ☐

177.

WER WAR DER HELD EURER KINDHEIT UND WARUM?

_____

_____

_____

_____

_____

_____

☐

178.
Pokerface beim Glücksspiel.

Es spricht nichts gegen
Strip-Poker zu zweit.

☐

Flohmarkt - Selbst
verkaufen oder stöbern,
das ist hier die Frage.

☐

180. Einen Kuss auf die Stirn! ☐

181. ☐

KOCHT EUER LIEBLINGSGERICHT AUS
DEN FLITTERWOCHEN ZUHAUSE NACH.

182. ☐

Lasst einen Marienkäfer als Glücksbringer
über eure Finger laufen.

183. ☐

Bestellt im Restaurant ein
Gericht für den anderen.

184. ☐
Lasst eine Karikatur
von euch malen.

185.

Schreibt euch ein Gedicht oder zumindest einen kleinen Reim.

....

....

....

....

....

....

....

186.
LAUFT ÜBER GLÜHENDE KOHLEN. ☐

187. ☐
TAUFT EINEN STERN MIT EUREM GEMEINSAMEN NACHNAMEN.

188.#lostplaces
Erkundet einen
verlassenen Ort.
☐

189. Schreit „Ich liebe dich"

in die Welt hinaus: Vom Leucht-, Brücken- oder Fernsehturm oder beim Dinner in the Sky. ☐

190. Wer geht zuerst baden beim Stand-Up-Paddling? ☐

191. Bastelt eine Fotokugel mit Bildern eurer Hochzeit. ☐

192.
Es prickelt bei der
CHAMPAGNER
VERKOSTUNG.

☐

193. Hochzeitsreise ist/
war keine Weltreise? ☐

Schickt eure Gedanken weit weg.

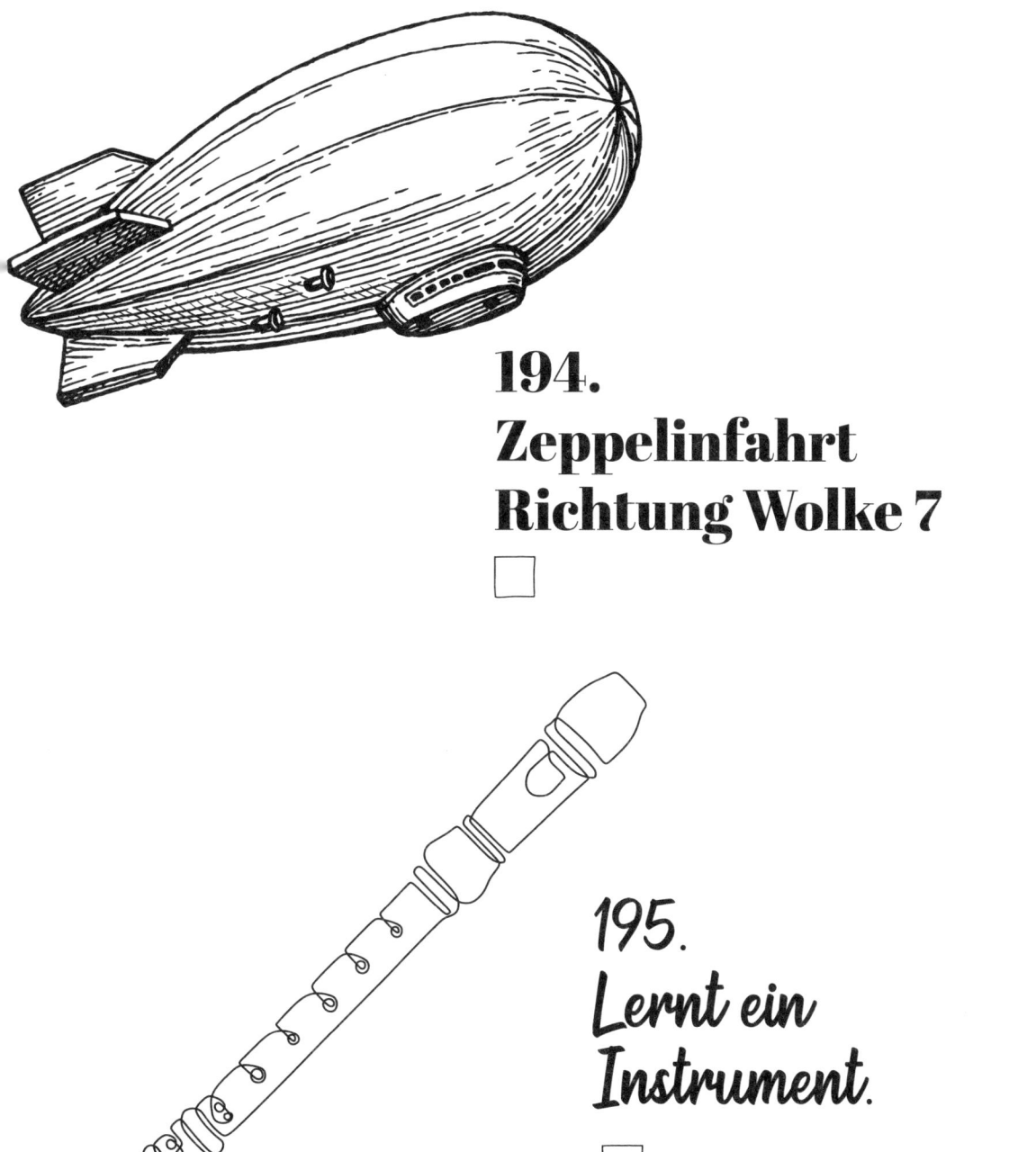

**194.
Zeppelinfahrt
Richtung Wolke 7**

☐

195.
Lernt ein
Instrument.

☐

196. ☐

Macht euch
hübsch und
besucht ein edles
Sterne-Restaurant.

197. Pilgert den Jakobsweg.

☐

198. ☐

Lernt Bogenschießen.
Amors Pfeil hat euch ja auch erwischt.

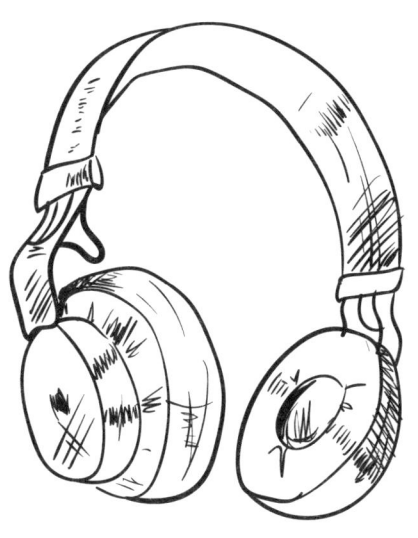

199.
STARTET
EINEN
PODCAST. ☐

200. Knüpft Armbänder füreinander. ☐

201. ☐
Springt zusammen
von der Brücke beim
Bungee-Jumping.

202.

BARCELONA, Wien, Rom oder Stockholm?

☐ Plant euren nächsten Städtetrip.

203.

Very British

Genehmigt euch einen Afternoon Tea. Dazu gibt's Sandwiches mit Gurke und Kresse.

204. Auf die Plätze, fertig, Wasser marsch!

Nass spritzen im Schwimmbad, See oder Meer. Oder gleich die Wasserpistolen zücken und los geht die Wasserschlacht.

205.

Startet nach den Flitterwochen gemeinsam eine Diät. ☐

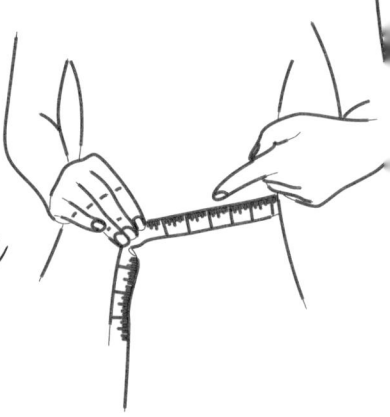

206. ☐

Überlegt Vorsätze für die Gegenwart und plant die nahe Zukunft.

207. Alle an einen Tisch:

ORGANISIERT EIN FAMILIENESSEN MIT EUREN SCHWIEGERELTERN. ☐
NATÜRLICH WIRD SELBST GEKOCHT UND ALLE HELFEN MIT.

208. ☐

In die Pedale treten bei
einer Fahrradtour.

209. ☐

Zusammen ein Weltwunder anschauen.

ODER ZWEI, ODER DREI ... WO ZIEHT'S EUCH HIN?

- -

- -

- -

210. Startet ein Wettrennen. ☐

Wer hat gewonnen?

....

211. ☐

In guten wie in schlechten Zeiten. Seid füreinander da.

212. ☐
TRAGT EUCH ABWECHSELND HUCKEPACK DURCH DIE GEGEND.

Wenn die Welt morgen untergeht, was würdet ihr heute tun?

☐

214.

Theater, Musical, Oper oder Kino?

☐

215.

Die Schwiegereltern anrufen

und am Telefon merkwürdige Geräusche machen.
Grunzen, Jodeln oder Schmatzen zum Beispiel. ☐

216. ☐

IHR. ZUSAMMEN. MIT DEM REST DER WELT.
MACHT EINE SACHE, VON DER IHR DENKT,
DASS DIE WELT EIN BISSCHEN BESSER WIRD.

_____

_____

217.
Knutschalarm!

Warum? Einfach so ... dafür
braucht's doch keinen Grund.

☐

218. Ohne Hände essen ☐

219.
Baut einen schneemann. Im sommer einen sandmann. oder eine sandfrau? ☐

220.
Hüpft mit den Wellen. ☐

221.
Wer von euch ist heißer? ☐

Lasst einen Eiswürfel auf der Zunge schmelzen. Wie lange hat es gedauert?

___ Min. ___ Sek.
___ Min. ___ Sek.

Alternativ kann der Eiswürfel auch auf dem Körper zerfließen.

Denkt euch Geschichten über eure Familien aus: Opa als Löwendompteur,
Mutti gewinnt eine Kreuzfahrt, Schwester schmeißt das Studium und wird Nonne.
Welche Neuigkeiten gibt's zu berichten?

223.

WERFT EINANDER M&Ms, POPCORN ODER
GUMMIBÄRCHEN IN DEN MUND.
ABER: AUS MINDESTENS 1½ METERN ENTFERNUNG. ☐

BESTE/R WERFER/IN: _ _ _ _ _ _ _ _ _ _ _ _ _ _

BESTE/R FÄNGER/IN: _ _ _ _ _ _ _ _ _ _ _ _ _ _

224.
Schwimmt mit Delfinen.

☐

225.
SUCHT IN IRLAND DIE TROLLE ODER ELFEN IN ISLAND.

☐

226.

Schickt euch ab sofort selbst aus jedem Urlaub eine Postkarte nach Hause.

☐

227.

Helft mit bei der Holunderernte und besucht die irisch-keltische Lichtgöttin Brigid. Der Legende nach ist sie in der Nacht der Sommersonnenwende von einem Holunderbusch aus zu sehen.

☐

228.

Bastelt euer eigenes Memory-Kartenset mit Fotos von eurer Hochzeit.

☐

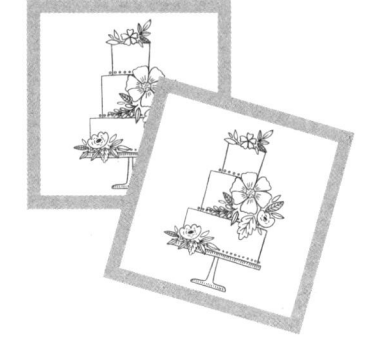

229. ☐

SCHAUT NACHTS ZUSAMMEN VORNE AM BUG EINES SCHIFFS AUFS DUNKLE MEER.

Lernt jonglieren.

230.

☐

mit Bällen, Äpfeln oder Tomaten.

231.

GUCKT EINEN SCHWARZ-
WEISS-FILM AUS DER
ZEIT ALS OMA UND OPA
NOCH JUNG WAREN.

☐

- - - - - - - - - - - - - - - - -

232.

DIE GANZE AFFENBANDE BRÜLLT:
KNACKT EINE KOKOSNUSS.

☐

233.

Taucht je eure rechte Hand in Farbe und hinterlasst einen Abdruck.

☐

234.

Ob Urban Gardening in der Stadt, im eigenen Garten oder im Blumenkasten auf der Fensterbank – legt ein Gemüsebeet an.

☐

235.
Zeichnet euren Familienstammbaum.

236.
Pustet Seifenblasen.

☐

237.

Wiederholt eure Hochzeitsnacht.

☐

238. ☐
ROLLT ZUSAMMEN EINEN HÜGEL HERUNTER.

239.

Denkt euch ein Codewort aus,
dessen Bedeutung nur ihr beide kennt.

☐ es bedeutet:

240. ☐

Sammelt Familienrezepte, die ihr von Zeit zu Zeit nachkocht.

241. ☐

Wickelt euch in Toilettenpapier ein und werdet zu Mumien.

242.
Wir feiern Hochzeitstag am

_____ . _____

Und das wird traditionell jedes Jahr gemacht
(denkt euch ein romantisches Ritual aus)

....

....

....

....

....

....

243.

Einmal tief durchatmen zwischen den Lavendelfeldern in der Provence. ☐

244.

Barfuß im Sand oder durchs Gras laufen. ☐

245.

Sendet allen daheimgebliebenen Hochzeitsgästen als kleines Dankeschön eine Postkarte aus den Flitterwochen.

☐

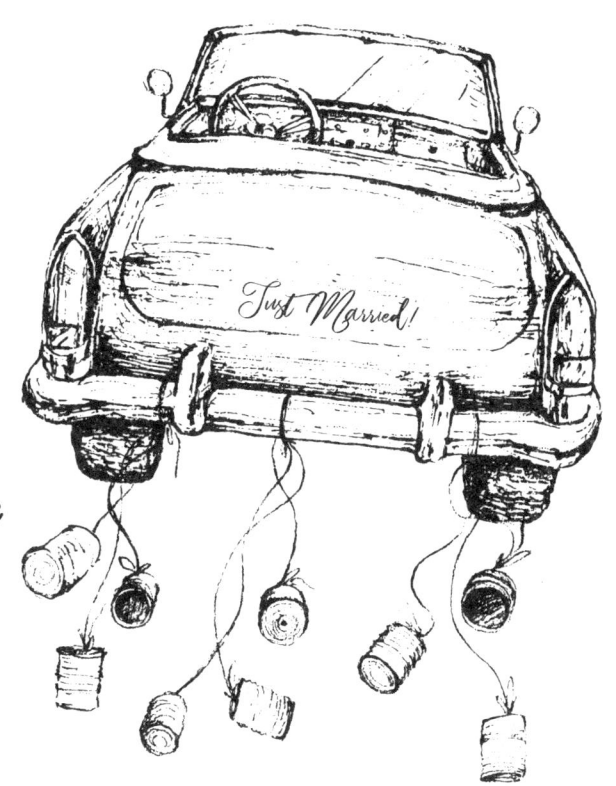

246.

Macht Schnee-Engel.

Klappt auch am Strand im Sand.

☐

247. ☐

Namen und Status nach der Hochzeit in den Sozialen Netzwerken ändern, einen neuen Personalausweis und Reisepass beantragen.

248.
Zeigt euch gegenseitig eure coolsten dance moves. ☐

249. Lasst einen mit Helium gefüllten Luftballon steigen – mit einer Botschaft an den Finder, eurem Wunschtraum oder einem Liebeszitat.

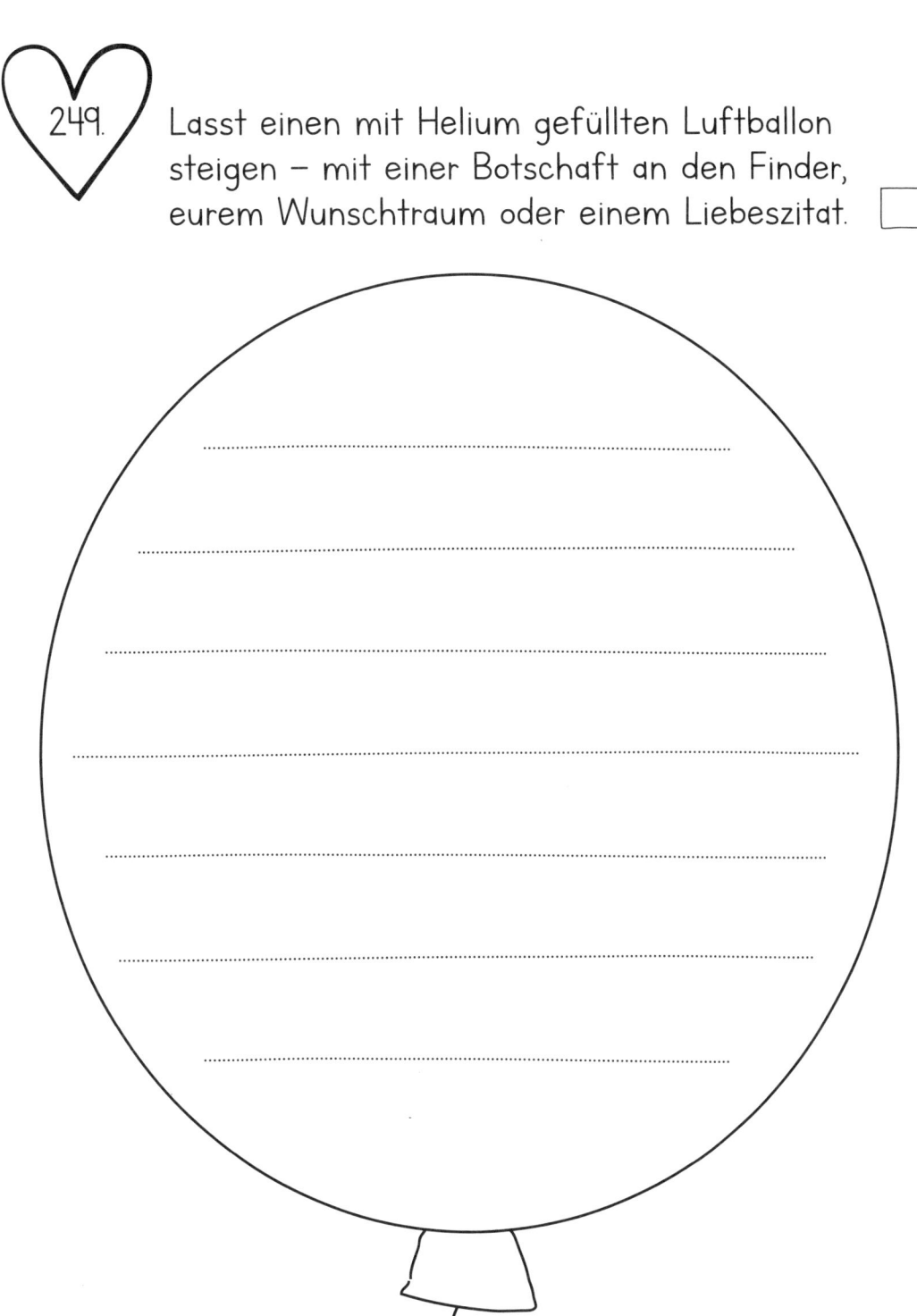

250.
Zusammen alt werden.

☐

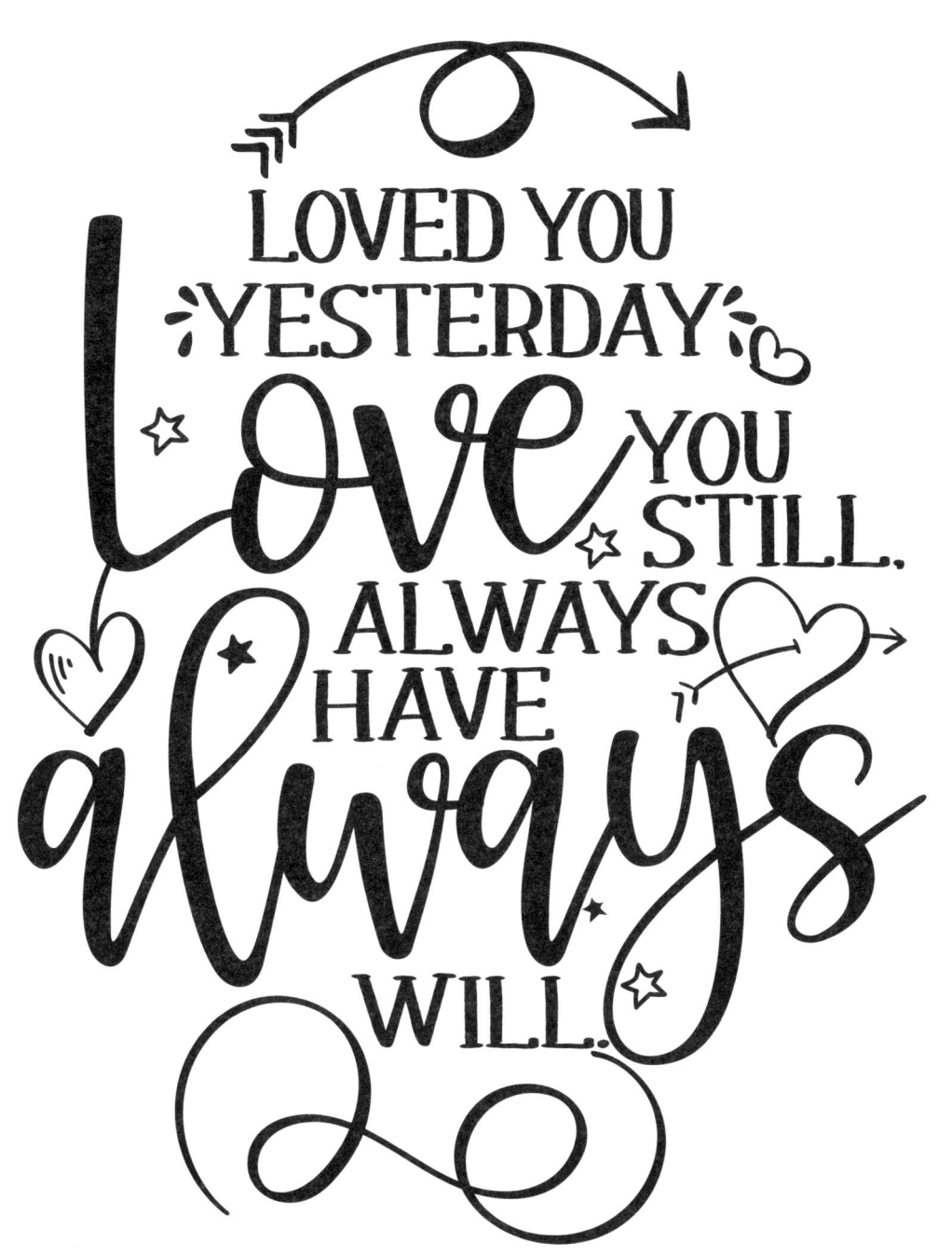

ist ein Imprint der

HEEL Verlag GmbH
Gut Pottscheidt
53639 Königswinter
Tel.: 02223 9230-0
Fax: 02223 9230-13
E-Mail: info@heel-verlag.de
www.heel-verlag.de

© 2022 HEEL Verlag GmbH
3. Auflage 2025

Text: Stephanie Fischer, New Star Media, München
Gestaltung: My Linh Nguyen, Heinsberg
Fotos: © Adobe Stock
Bildredaktion und Lektorat: Ulrike Reihn-Hamburger

Printed in Czech Republic

ISBN 978-3-96664-361-0